JESUÍTAS BRASIL | MAG+S BRASIL

Dom Luciano

Servo de Deus

Coleção Jesuítas | Volume 13

Texto Original

Vinícius Ferreira da Paixão

Título do livro
Dom Luciano Pedro Mendes de Almeida: Servo de Deus

Autor
Vinícius Ferreira da Paixão

Grupo de trabalho
Clara Mabeli Bezerra Baptista
Ir. Ubiratan Oliveira Costa, SJ
Larissa Barreiros Gomes

Diagramação e Projeto Gráfico:
Luis Thiago da Silva Silveira
Rodrigo Souza Silva

Coordenador do Programa MAGIS Brasil:
Pe. Jean Fábio Santana, SJ

Programa MAGIS Brasil
Rua Apinajés, 2033 - Sumarezinho
01258-001 São Paulo, SP
T 55 11 3862-0342
juventude@jesuitasbrasil.org.br
vocacao@jesuitasbrasil.org.br
www.facebook.com/vocacoesjesuitas
www.magisbrasil.com

Edições Loyola Jesuítas
Rua 1822, 341 - Ipiranga
04216-000 São Paulo, SP
T 55 11 3385-8500/8501 • 2063-4275
editorial@loyola.com.br
vendas@loyola.com.br
www.loyola.com.br

Todos os direitos reservados. Nenhuma parte desta obra pode ser reproduzida ou transmitida por qualquer forma e/ou quaisquer meios (eletrônico ou mecânico, incluindo fotocópia e gravação) ou arquivada em qualquer sistema ou banco de dados sem permissão escrita da Editora.

ISBN 978-65-5504-1392-15916

© EDIÇÕES LOYOLA, São Paulo, Brasil, 2021

102432

Apresentação

O Programa MAGIS Brasil – Eixo Vocações – traz uma nova edição revista, atualizada e ampliada da Coleção JESUÍTAS, destinada especialmente aos jovens que estão em processo de discernimento vocacional. Este trabalho teve início com o Pe. Jonas Elias Caprini, SJ, no período em que assumiu a coordenação do Programa e o secretariado para Juventude e Vocações da Província dos Jesuítas do Brasil – BRA. Agradecemos a ele a dedicação nesta tarefa, que será continuada com o mesmo cuidado e zelo.

A Coleção JESUÍTAS apresenta a história de grandes jesuítas cujas vidas são para todos inspiração na busca contínua ao que Deus quer para cada um. Foi lançada em 1987, pela Editora Reus, contendo inicialmente sete volumes, cada um com a história de um santo jesuíta.

Verificando a necessidade de atualizar os materiais vocacionais existentes, o serviço de animação vocacional da Companhia de Jesus apresenta uma nova edição, acrescida de roteiros de oração e demais notas com escritos do próprio jesuíta, textos da Companhia de Jesus e outros comentários e provocações que ajudam a rezar em tempo de discernimento.

As biografias apresentadas nesta coleção são sinais de vidas consagradas ao serviço do Reino. Ajudam-nos a refletir a nossa própria história e a construir um caminho de santidade, guiado pelo projeto de vida à luz da fé cristã, como afirma o Papa Francisco na Exortação Apostólica *Gaudete et Exsultate*, n. 11:

Há testemunhos que são úteis para nos estimular e motivar, mas não para procurarmos copiá-los, porque isso poderia até afastar-nos do caminho, único e específico, que o Senhor predispôs para nós. Importante é que cada crente discirna o seu próprio caminho e traga à luz o melhor de si mesmo, quanto Deus colocou nele de muito pessoal (cf. 1 Cor 12, 7), e não se esgote procurando imitar algo que não foi pensado para ele.

Desejamos que essa leitura orante nos motive e nos provoque a viver também para Cristo e que o discernimento vocacional seja um contínuo proceder de todos os jovens que estão abertos para ouvir, acolher e responder os apelos do Senhor da Messe. Boa leitura e oração a todos!

Pe. Jean Fabio Santana, SJ
Secretário para Juventude e Vocações
da Província dos Jesuítas do Brasil - BRA

Dom Luciano

O mais pobre dos servos e o mais servo dos pobres

Luciano Pedro Mendes de Almeida. Foi um jesuíta brasileiro que viveu intensamente o Evangelho com a coragem e liberdade de Jesus para se dedicar aos prediletos do Senhor: as crianças, os pobres e os marginalizados. Por onde passou, transformou realidades através do anúncio do Cristo histórico, humano e delicado. Dom Luciano deixou uma marca de ativa simplicidade, grande inteligência, profunda espiritualidade, ativa escuta e amor pela realidade.

Um rosto contemplativo na ação

A vida de Dom Luciano Mendes, SJ impressiona e encanta quando olhada sob qualquer perspectiva. Todas as histórias, encontros pessoais ou situações formais são lembrados por terem uma força centrípeta que atrai fortemente para o Cristo. Seu olhar, sua voz carregada de bondade com mansidão ajudavam a todos e faziam com que todas e todos sentissem a presença de Deus ao seu redor.

Ele passou a vida atraindo a todos para Jesus. Luciano fazia isso vivendo ativamente e sendo genuíno desde muito novo: como o escoteiro, o noviço, o padre e, por fim, como bispo viveu com dedicada paixão todos seus estados de vida. É inegável a intensidade com que viveu cada etapa da sua vocação, nunca esperou o amanhã para fazer o bem, isso fica muito claro pelos inúmeros relatos e testemunhos da convivência com Luciano, Padre Mendes ou, como ficou mais conhecido, Dom Luciano. Todos os relatos colhidos sobre a convivência com D. Luciano, direta ou indiretamente, têm sempre um ponto comum: estar com ele sempre foi uma experiência transformadora, seja por ser ele uma pessoa de características e hábitos naturalmente simples e *cristificantes*, seja por ser ele uma pessoa de oração profunda, seja por ser uma pessoa de ardor apostólico incansável e grande profetismo.

O companheiro jesuíta Luciano Mendes viveu como grande missionário do século XX, indo às muitas fronteiras modernas para promover a dignidade da pessoa humana. E nessas fronteiras viveu como o bom pastor, que vive junto aos preferidos do Senhor: as crianças, jovens, pobres, encarcerados e população indígena. Encantou, e ainda encanta quando ouvimos e lemos, o seu modo de ser uma pessoa de discernimento, de excelência e de grande imersão e resgate nas vulnerabilidades humanas. Todas essas características de Dom Luciano acabaram por permanecer cristalizadas nas obras que ele realizou em nome de Deus.

Dom Luciano, o bispo peregrino, confere um testemunho e um rosto ao ideal inaciano de ser *contemplativo na ação*, pois é notável como ele contemplava profundamente a presença de Deus em todas as pessoas e coisas, era um homem místico tanto quanto era um homem de ação. Em todas as realidades mais sensíveis da vida humana e em todas as pessoas, ele "compreendia a dimensão espiritual de todas as suas ações e de todos os seus encontros"[1]. Dom Luciano sempre foi considerado

---

1 *Do latim "in actione contemplativa"* - NADAL, J. In **Examen Adnotationes** (1557).

"um santo", alguém que "não pareça ser deste mundo" pelo seu modo de proceder. Fez muito como padre e depois, como bispo auxiliar de São Paulo, fundou a Pastoral do Menor em 1977 e inspirou a redação do Estatuto da Criança e do Adolescente (ECA). Na Conferência Nacional dos Bispos do Brasil – CNBB, foi grande apoiador do Conselho Indigenista Missionário (CIMI). Foi Arcebispo de Mariana, em Minas Gerais, presidente e secretário da CNBB e secretário na Terceira Conferência Geral do Episcopado Latino-Americano, ocorrida em 1979, em Puebla, no México. Falecido em 2006, está em processo de beatificação até a presente data.

As sementes da missão na vida

Assim como Santo Inácio, Dom Luciano vinha de uma família nobre e optou pelo seguimento radical de Cristo no espírito de pobreza, obediência e castidade. Viveu os votos de forma indubitável na Companhia de Jesus e como bispo. Encontramos na sua história familiar elementos que formaram um ambiente propício para a formação dos princípios reconhecidos na personalidade de Dom Luciano: o amor a Deus e à Igreja, amor à Companhia de Jesus, a dedicação pela promoção da dignidade da pessoa humana.

O bisavô de Luciano, Cândido Mendes de Almeida (1818 - 1881), foi um notável maranhense, jornalista e jurista, senador de destaque no Brasil Imperial, que opôs-se fortemente à *Questão Religiosa* junto ao Senado do Império. Defensor da imprensa livre, fundou dois jornais no Maranhão: O Brado de Caxias e O Observador.

O avô de Luciano, Cândido Mendes de Almeida Filho (1866 - 1939), aluno do Colégio São Luís dos jesuítas, recebeu do Papa Leão XIII o título de *Conde de Mendes de Almeida*, dado como homenagem ao pai e pela "incansável defesa das causas da Igreja" de Almeida Filho. O conde, assim como o pai, foi jurista e lutava pelo direito dos encarcerados, sendo o propositor da liberdade condicional no Brasil. Além disso, lutou pelo restabelecimento dos jesuítas no Rio de Janeiro, pois a Companhia de Jesus ali não havia conseguido se fixar novamente desde a grande expulsão de Marquês de Pombal em 1759.

O pai de Luciano, Cândido Mendes de Almeida Júnior (o segundo *Conde de Mendes de Almeida)*, foi jornalista. O próprio Luciano descreveu o pai como "um homem afeito ao trabalho, e que dividia seu tempo entre a dedicação às artes gráficas, ao ensino e à direção da Academia de Comércio, da Faculdade de Ciências Políticas e Econômicas, e da Faculdade de Direito". Além disso, a dedicação por uma causa marcou muito a infância de Luciano, que via essa característica em seu pai: "essas ocupações absorviam, não raro, as horas da noite, até de madrugada". A dedicação sem limites foi uma característica herdada e conservada por Luciano ao longo da vida. A fé foi uma outra característica paterna que marcou muito Luciano, que via o pai como "reservado em suas práticas religiosas, mas era um homem de fé"[2].

A mãe de Luciano, Emília de Mello Vieira Mendes de Almeida, formou-se na Sorbonne, em Paris, e depois fez cursos de especialização teológica. Luciano descrevia a mãe como sendo muito dedicada. Mesmo com sete

---

2 ALMEIDA, Luciano Mendes de. Meu pai. **Folha de São Paulo**, 27 maio 1995.

filhos, ela "consagrava uma boa parte da tarde de cada dia à formação religiosa dos alunos das escolas do Estado. Isso durante 50 anos". Dela Luciano herdou elementos de fé que o marcariam, já que, assim como a mãe, Luciano era *uma pessoa de fé, de boa formação religiosa*. E, assim, Luciano cresceu seguindo o exemplo da mãe, que tinha como centralidade da vida a "missa e comunhão diária, mesmo que tivesse muitas coisas a fazer e problemas de saúde. Era isso que lhe dava força"[3].

Dom Luciano, SJ (1930 - 2006)

Foi nesse contexto familiar que, no dia 5 de outubro de 1930, poucos dias antes do golpe de Estado que depôs o presidente da república Washington Luís, nasceu o filho do casal Cândido Mendes de Almeida Júnior e Emília de Mello Vieira Mendes de Almeida: Luciano Pedro Mendes de Almeida. O nascimento se deu na casa localizada na Rua Honório de Barros, região central do Rio de Janeiro, então a capital do Brasil. Na casa, já havia os pais e o irmão primogênito, Cândido An-

---

3 ALMEIDA, Luciano Mendes de. *Palavras de agradecimento de Dom Luciano*. In: PAUL, Cláudio (org.). **Doctor Amoris Causa**: homenagem a Dom Luciano Mendes de Almeida. São Paulo: Loyola, 2007. p. 44.

tônio José Francisco Mendes, com dois anos de idade. Depois vieram outros cinco irmãos: Luiz Fernando, Antônio Luiz, Elisa, Maria da Glória e João Theotônio[4]. Luciano Pedro recebeu o nome em homenagem ao tio aviador, morto na I Guerra Mundial.

Com seis anos de idade, Luciano recebeu a primeira comunhão, que ocorrera em 8 de setembro de 1937. Ali comunica o chamado vocacional que trazia no coração, um chamado com uma peculiaridade, o coração não lhe pedia apenas para assumir um estado de vida, mas também um modo de vida de coragem: padre e aviador. "Recebida a primeira comunhão, uma senhora chamada Magnólia tomou-me pela mão e me perguntou: 'O que é que você quer ser quando for grande?' Lembro-me como se fosse hoje que respondi resolutamente: 'Quero ser padre e aviador!' Ela ficou surpresa: 'Como?' Respondi: 'É isso mesmo'". Porém, ele achou que ainda não era o momento de comunicar aos pais, decidiu seguir discernindo interiormente sobre o fascínio que a pessoa de Cristo exercia sobre ele.

---

4 ASSIS, Margarida Drumond de. **Dom Luciano, especial dom de Deus**. *Rio de Janeiro: EdUCAM, 2010. p. 41-42.*

Com esse chamado ecoando dentro de si, Luciano crescia em *estatura, sabedoria e graça*. Como um garoto de seu tempo, estudava, praticava o escotismo, tocava violino e gostava de xadrez. Uma vida amena e divertida, como relata seu irmão Cândido Mendes: *Fomos aos mesmos cinemas e lemos os mesmos livros que formaram um mesmo imaginário. Vimos juntos os grandes épicos de Cecil B. de Mille, Gunga Gin, A Carga da Brigada Ligeira, Lanceiros da Índia, e o nosso primeiro filme, o documentário sobre a explosão do Krakatoa, no Cinema Glória, na Cinelândia. Lemos Winnetou, ou A Ilha do Tesouro, Os Cavaleiros da Távola Redonda e passamos pelo Tesouro da Juventude.*

O discernimento da vocação religiosa não se faz por nenhum acontecimento extraordinário, pelo contrário, acontece com docilidade, na simplicidade

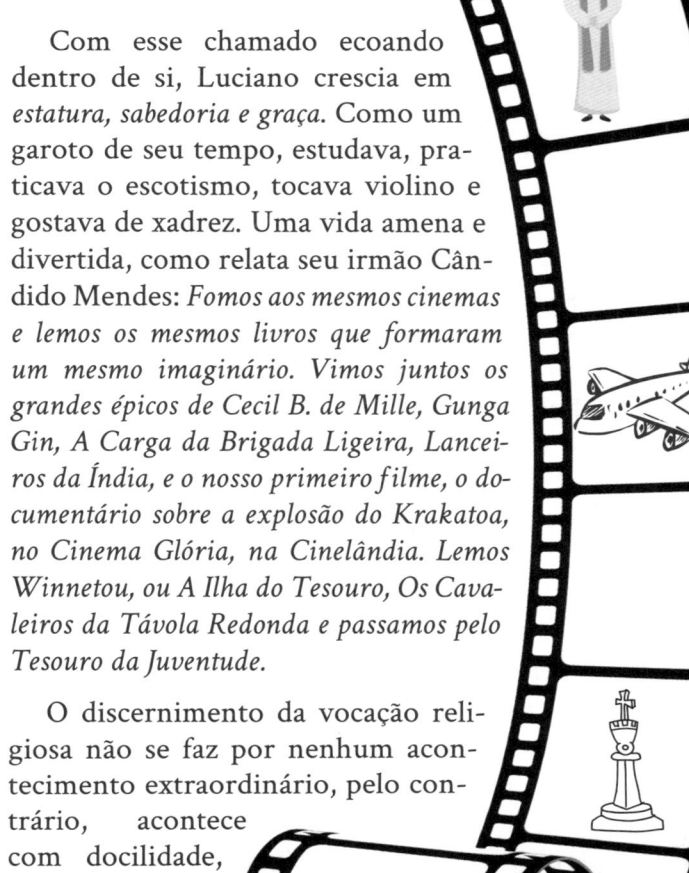

da oração, na contemplação da ação de Deus em seu cotidiano: *Eu não construía altarezinhos, nem dava a impressão de estar condenado a essa vocação. Não. Foi um processo interior que, de maneira adequada a um menino, me aproximou de Deus. Não tinha a intenção de entrar num Seminário, porque não me parecia feito para mim. Eu amava a liberdade, andar pelos montes, caminhar. Em duas ocasiões, ajudei a formar um grupo de escoteiros; íamos dormir na floresta, caminhar horas e horas, escalar picos, que no Brasil não são muito altos.* Porém, depois de um acontecimento de risco de morte, discerne e sente que Deus lhe fala muito concretamente para viver com intensidade: *Uma vez, escorregando num terreno viscoso por causa da chuva, caí ao longo de um declive do morro da Gávea, que domina o Rio de Janeiro. Dei-me conta de que talvez Nosso Senhor quisesse algo de mim, porque fui parar na borda do precipício.*

Dos 11 aos 15 anos de idade, Luciano, uma vez chamado para seguir radicalmente o Cristo, começa a dar-se conta de onde e como vai transformar esse chamado em realidade. Na escola, sente-se chamado para viver a vocação religiosa na Companhia de Jesus, inspirado pelos jesuítas do Colégio Santo

Inácio, no Rio de Janeiro. Uma vez consciente desse desejo de ser jesuíta, toma coragem e comunica seus pais: *Foi o que resolvi. Fui ter com minha mãe para comunicar-lhe a minha decisão. Ela me fez observar que o meu pai dificilmente consentiria. Procurei papai e lhe disse: "Peço-lhe permissão para entrar no Seminário dos jesuítas". "Por que?" "Este é o meu desejo". Respondeu-me: "Se me tivesses pedido para compreender a tua decisão de se casar, talvez eu respondesse que és muito jovem. Mas, se queres ir para o seminário, fica sabendo que deves ser coerente com esta escolha em tudo o que ela implica". [...] Posso afirmar que nunca mais pensei em outro caminho e nunca tive dúvida alguma acerca da minha vocação. Provações, sim, muitíssimas, mas dúvidas, nenhuma*[5]. Tão logo Luciano iniciou o processo de discernimento junto aos jesuítas em 1946, como aluno do Colégio Anchieta, em Nova Friburgo, a convivência desperta nele o desejo de dar mais um passo na vocação e fazer parte do corpo apostólico da Companhia de Jesus e no dia 2 de março de 1947, Luciano ingressa no noviciado da Companhia de Jesus em Nova Friburgo - RJ.

---

5   ALMEIDA, Luciano Mendes de. Apud: OLIVERO, Ernesto. **Unidos em favor da paz**: diálogos com D. Luciano Mendes de Almeida. São Paulo: Loyola, 1991. p. 33; 35.

Momento de Oração

Luciano lança um novo olhar sobre sua vida, sobre a sua infância que, *a priori*, não continha nada daquilo que o senso comum considera como esperado para um chamado a viver sua vocação. Esse novo olhar advém de uma experiência de Deus.

Pedido de graça:

Senhor, dai-me a graça de lançar um novo olhar amoroso sobre minha vida e minha história para, a partir delas, sentir-me uma pessoa mais amada por Ti e, assim, mais amar-Te e seguir-Te num caminho de felicidade rumo à implantação do Teu Reino.

Palavra de Deus: Marcos 10, 46-52

Pontos para a oração:

- Quando Jesus passava, muitos dos seus repreenderam o cego, dizendo-lhe: "Seja educado, não faça dessa forma!". Porém

Jesus não ignorou Bartimeu como Jericó se acostumou a fazer. Nisso, alguns peregrinos do grupo têm uma atitude nova: "Coragem! Levanta-te" Bartimeu!

Quais pessoas, grupos (como os povos originários, biomas da Casa Comum, pessoas próximas) que estão gritando à beira do caminho e têm sido alvo da minha repreensão? Quando eu faço parte da comunidade que é cúmplice da repressão, cúmplice da não-fé, que permanece em silêncio, talvez até discorda, mas fica quieta enquanto outros sufocam os gritos dessas pessoas, grupos, instituições? Quando tenho sido aquela pessoa que diz "coragem, não desista"?

- Jesus fala com ele, pede-lhe que manifeste o seu desejo, isto é importante, quando pergunta a ele: Que queres que te faça? Jesus aqui devolve a Bartimeu e a toda comunidade a experiência de ver nova, naquele contexto, a dignidade de imagem e semelhança de Deus, quando dá a Bartimeu a liberdade de dizer sua necessidade, por mais que pa-

recesse óbvio o desejo de cura da cegueira.

Quais as minhas memórias e experiências de perguntar, ouvir e dar tempo para que o outro seja livre e responsável, mesmo quando parecia estar fazendo algo dado como certo?

- Bartimeu recupera a vista, ou seja, ele passa a ter, pelo encontro com Jesus, uma nova visão. E isso o leva a peregrinar em busca da implantação do Reino dos Céus na realidade.

Quais os sinais de uma nova visão vêm despontando no meu caminho? Retomar a vida de oração? Ouvir mais os convites do Papa, pelas suas encíclicas? Colocando em prática meu desejo de engajamento na minha comunidade?

Noviciado, um tempo de aprofundamento e sedimento do amor ao Cristo

Com a intensidade que lhe é característica, o noviço Luciano Mendes faz uma experiência forte e transformadora da pessoa de Jesus Cristo. "No início eu não entendia, depois entendi que era graça de Deus fazer a experiência de vida das pessoas simples. Não se tratava apenas de uma etapa de noviciado, mas um fazer experiência da vida dos sofredores, sem a qual não se pode ser consagrado a Deus"[6]. Nesse tempo de noviciado, essencial para a formação do jesuíta, Luciano fez uma grande experiência, um itinerário inspirado por Santo Inácio de Loyola, um dos pontos altos dessa etapa: os Exercícios Espirituais de 30 dias, que o marcarão por toda a vida. Algum tempo depois, Luciano, ao orientar para alguns

---

6 ALMEIDA, Luciano Mendes de. *Gesù e i soldati romani*, p. 43 (tradução do autor).

jesuítas os Exercícios Espirituais, o faz partilhando sua experiência: "Meu passado, meu presente e meu futuro são assumidos por Deus: Ele me ama e de tudo tira o bem. Não se trata apenas, de assumir minha vida como 'minha', na verdade, mas de aprofundar esta assunção, compreendo que sou amado(a) por Deus como sou, já que Ele me fez. Isto dá valor a toda minha existência"[7]. O

---

7 ALMEIDA,

relato do Padre Pedro Canísio Melcher, SJ, colega de noviciado de Luciano, afirma que foi essa experiência dos Exercícios que o sedimentou tanto afetivamente, quanto intelectualmente como *o mais pobre dos servos e o mais servo dos pobres*[8]. A partir desse momento da vida de Luciano, sua felicidade estará sempre em ajudar as almas, ajudar o ser humano com toda intensidade que dispuser.

Estudos, ordenação e missão em Roma

Depois dos estudos na Casa de Formação dos Jesuítas em Nova Friburgo (1951-1953), Luciano se gradua em filosofia e segue para Roma, para cursar teologia pela Pontifícia Universidade Gregoriana (1955-1959). Sua ordenação presbiteral deu-se no dia 5 de julho de 1958, em Roma.

Ser jesuíta padre, para Luciano, era a culminância de seu profundo desejo de seguimento de Cristo para os outros, nunca para si: "aos poucos, isso deu lugar a uma vontade muito maior, não só de ser pa-

---

Luciano Mendes de. **Servir por Amor**: trinta dias de exercícios espirituais, 2001.
8 ARROCHELAS, Maria Helena. **Deus é Bom**: Homenagem a Dom Luciano. São Paulo, Paulinas, 2008, p. 99.

dre, mas de seguir Jesus Cristo. A parte sacerdotal é antiga, mas não é primária: acho que o mais importante foi a pessoa de Cristo e o fascínio que Ele exerce e sempre exerceu na minha vida"[9]. Ainda em Roma, fez seu doutorado em filosofia (1960-1965), nesse período trabalhou com a intensidade que lhe foi característica junto aos detentos nas cadeias, principalmente junto aos menores prisioneiros em *Porta Portese*. Imbuído da espiritualidade inaciana em ações como essa, Luciano fez da proposta de Santo Inácio nos Exercícios Espirituais de *considerarei como Deus está presente nas criaturas*[10] uma experiência de vida. Outra vez foi subitamente de Roma para a Áustria de trem, numa viagem de 14 horas, para socorrer um refugiado húngaro e conseguiu para ele um salvo-conduto junto à embaixada do Brasil e, posteriormente, obtém e encaminha a entrada do húngaro no Brasil. Essas e outras vivências o marcaram como uma profunda experiência religiosa. Então, ele se dá conta de como Deus o conduz pessoalmente pelo caminho do amor, conservando

---

9   ONEGANA e DIAS. *Apaixonado por Cristo e pelos pobres* [Entrevista com D. Luciano Mendes de Almeida]. Mundo e Missão, set. 2001. p. 20.
10   EE 235.

essa memória por toda a vida, e ele confessa que: *A minha experiência, eu não a posso dar a ninguém, ela é de cada um. Eu só posso dizer o seguinte: "Para termos experiência religiosa, é preciso fazer assim..."; então, eu posso dar um roteiro para uma experiência possível, mas não posso alienar a minha pobre e magra experiência, porque essa é inalienável. A ciência, podemos, até certo ponto, alienar, porque mostramos os ritmos da fantasia e assim como que jogamos os fantasmas sobre as pessoas que captam inteligentemente a mensagem. Então eu falo, ele capta, faço um sinalzinho e ele entende. Nesse momento, temos que perceber que a nossa experiência religiosa é profunda, é pessoal.*

A vida de um religioso tem como um dos elementos centrais a missão e a vida comunitária. Nesse sentido, Padre Mendes, SJ, como era chamado Luciano, faz o seguinte relato sobre fazer parte de uma comunidade jesuíta e como isso o moveu interiormente, como provocou sua espiritualidade e como o aproximou do Cristo viver com os irmãos e companheiros pela convivência: *sinto-me muito bem entre os jesuítas, e tudo o que tenho, aquele pouco que tenho de vida espiritual, recebi-o através da espiritualidade inaciana. Conservo para Santo Inácio uma devoção filial, porque me parece ser o homem que abre os caminhos da oração, do amor pela Igreja e, sobretudo, do impulso missionário*[11].

Pouco depois de ser ordenado, o Padre Mendes, SJ segue para Florença, para fazer a "terceira provação", a última etapa da formação dos jesuítas. A cada passo dessa experiência, se tornava mais livre no amor de Deus. *"Você precisa de alguma coisa?"*, *"Com o que posso ajudá-lo?"*, *"Como posso ajudá-lo?"*, ou mesmo o lema de sua vida (que escreveu em lugar visível sobre sua mesa), *Abutere me quacumque hora* ("Você pode abusar de mim a qualquer hora"), foram as frases mais comuns com as quais o jovem Padre Luciano Mendes de Almeida encantava os colegas e superiores durante o ano de provação, passado en-

---

11 OLIVERO, Ernesto. **Uniti per la pace**: dialoghi con Dom Luciano. 2.ed. São Paulo: Paulinas, 2008. p. 76-79.

tre 1959 e 1960[12]. Depois desse tempo, trabalhando no Colégio Pio Brasileiro, eram constantes as filas de espera pelo atendimento com o Padre Mendes. Como sempre, nessas filas estavam os preferidos do Senhor: migrantes, enfermos, pobres e aqueles que precisavam de ajuda.

Retornando ao Brasil, o Padre Mendes se depara com a realidade da Ditadura Militar. A Companhia de Jesus então o envia para uma missão no mundo universitário, foi ser professor de Filosofia em Nova Friburgo, depois em São Paulo, na Faculdade Nossa Senhora Medianeira (localizada na época no Km 26 da Rodovia Anhanguera), depois foi professor de ciências da religião na Fundação Educacional Inaciana Padre Sabóia de Medeiros (FEI), em São Bernardo. Padre

---

12 RIZZI, Filippo. *La testimonianza. Padre Sorge: Dom Luciano era consumato dai poveri. In lui c'era la Chiesa del Concilio.* **Avvenire**, 26 ago. 2016.

Mendes foi considerado subversivo pelo regime por ceder muitas bolsas de estudos para quem não tinha condições e por inserir no cronograma da faculdade formações humanitárias, mas principalmente por sua postura de proximidade junto com os estudantes na luta pela promoção da justiça social. Assim como em toda sua trajetória, os corredores da faculdade não eram frequentados apenas por estudantes, mas também pelos pobres que ele atendia com muito zelo.

Além dessa missão, o Padre Mendes foi instrutor da terceira provação na Companhia de Jesus (1970-1975); membro da diretoria da Conferência dos Religiosos do Brasil (CRB) (1974-1975). Tudo isso conservando sempre o seu modo de proceder quanto às pessoas. Principalmente os que mais precisassem dele, "os recebia a qualquer hora do dia. Quantas vezes eu o vi perder um avião para uma tarefa importante, preferindo oferecer uma refeição, algumas vezes num renomado restaurante, para uma pessoa pobre e passar muitas horas com ela". Com certeza e com amor, assumia as missões sem perder o foco de Jesus e o jovem jesuíta "se deixou ser consumido por seus pobres"[13].

---

13 Ibid.

Notas

A realização afetiva na vida religiosa

Pelo amor oblativo, a pessoa humana rompe com o fechamento sobre si em que se enclausurava. Deixando-se amar, consegue assumir a própria pobreza existencial, vence a solidão de seu eu pela presença interior do amado em seu coração e tende progressivamente a unificar os diversos centros de sua vida afetiva em volta de um amor prioritário.

A consagração a Deus pela vida religiosa oferece à pessoa a possibilidade do grau mais elevado de integração do eu profundo, comunhão com o amado e unificação da vida afetiva.

Aquele que ainda não teve experiência de ser amado vive perdido na periferia do seu eu, sôfrego de vivências atraentes, mas insignificantes e dispersivas. A insatisfação, gerada pelas vivências superficiais, cria aos poucos na pessoa humana uma ânsia de seriedade em relação à sua própria existência. [...]

Assim, a pessoa que procura entrar em seu íntimo, sente-se diminuída, insatisfeita e temerosa. Daí a tentação fácil de voltar a mergulhar no fluxo das vivências superficiais e do ativismo.

É então que a experiência do amor pode ser decisiva. Quando surge na vida de alguém que curtia o mistério da própria solidão a experiência de ser amado e de amar, tudo começa a se transfigurar. A pessoa cuja vida é assumida de verdade pelo amado abandona a periferia do seu eu, aceita penetrar em seu íntimo, enfrentando com o amado a realidade do seu passado, seu presente e seu futuro.

(Trecho da palestra de Dom Luciano Mendes na Assembleia Geral da Conferência dos Religiosos do Brasil, 1971).

Bispo

A identificação cada vez maior com os pobres foi uma crescente no itinerário da vida do Padre Mendes, até alcançar ficar cristalizada em sua missão como Bispo. No dia 2 de maio de 1976, na Catedral da Sé, em São Paulo, ele é ordenado bispo e assume como auxiliar de Dom Paulo Evaristo Arns, da Arquidiocese de São Paulo. Escolhe como lema episcopal: *In nomine Iesu*[14]. No seu discurso, diz que "renovo a oferta de minha pobre vida ao Pai, em união com Jesus Cristo ao Serviço dos irmãos [...] Diante das angústias e aspirações do mundo em que vivemos, peço a Deus a graça de atuar na conversão dos homens do egoísmo ao verdadeiro amor, sem conformismo inoperante, nem a impaciência dos violentos, para que as estruturas da sociedade correspondam cada vez mais à dignidade dos filhos de Deus, e sejam anúncio da felicidade que Deus nos reserva"[15].

O então Dom Luciano Mendes foi ser o pastor da região mais vulnerável da Arquidiocese de São

---

14 *Em nome de Jesus.*
15 *Anúncio feito por Dom Luciano em sua Ordenação Episcopal, em 2 de maio de 1976.*

Paulo, a região Belém, localizada na zona leste da capital. Fica claro que ser cristão não permite uma postura passiva e neutra diante de uma pessoa empobrecida. D. Luciano sempre respondia a quem o questionava sobre aquele grande número de pessoas que o procurava: "eles não têm mais a quem recorrer". Nas ruas, o bispo madrugava ao lado dos marginalizados, visitando-os quando internados nos hospitais, servindo-os sopa quente à noite e, por muitas vezes, colocando-os em sua cama enquanto dormia no chão, mas isso somente depois de caminhar cobrindo com gentileza os mendigos, sem acordá-los. A rua foi o campo onde D. Luciano olhou, contemplou e viu os lírios dos irmãos e irmãs, cuidou deles com carinho para que florescessem no jardim do Reino de Deus, para ser um lugar de amor e soluções humanas e solidárias.

As experiências que faz o bispo da zona leste são compartilhadas com profetismo em sua coluna no jornal: "Acabo de passar pela favela do Tatuapé. Os barracos estão sendo removidos, apesar da chuva e da lama. Para onde vão essas crianças? Será que a inteligência dos homens do governo não poderia enfrentar, com mais eficácia e humanidade, o problema dos cortiços e favelas?"[16] Essa imersão na realidade das pessoas, sua profunda espiritualidade e discernimento levam D. Luciano a assumir, com especial profetismo, a missão de lutar contra a cultura e as políticas de marginalização da juventude, como uma resposta aos sinais dos tempos. "Os menores não são causas da situação de carência, mas vítimas da própria sociedade que não está organizada para valorizar, acolher e promover a criança na dignidade de pessoa humana". Já naquele tempo, D. Luciano deixava claro que seu profetismo denunciava

---

16 ALMEIDA, Luciano Mendes de. Ação de Natal. **Folha de São Paulo**, 20 dez. 1986.

um mal que seria gestado e se tornaria a marca dos tempos presentes, a desumanização resultante dos modelos de economia selvagem que viemos adotando. Vendo a situação da juventude, disse: "optar pelo menor é subordinar a dimensão econômica e política à dignidade da pessoa humana"[17]. Foi nesse contexto que, em 1977, D. Luciano funda a Pastoral do Menor na Arquidiocese de São Paulo, que vai marcar decisivamente a história da Igreja e do Brasil. Posteriormente, em 1984, D. Luciano vai intermediar, junto de Zilda Arns, a expansão dos trabalhos da Pastoral da Criança que aconteciam em Londrina para todo o Brasil[18]. As mudanças foram tão sentidas pela sociedade, a ponto de o bispo ser premiado pelo órgão da ONU, a UNI-

---

17 ALMEIDA, Luciano Mendes de. **Folha de São Paulo**, 4 ago. 1986.
18 *Revista ACIM, nº 403, abr. de 2001 – Publicação mensal da Associação Comercial e Industrial de Maringá.*

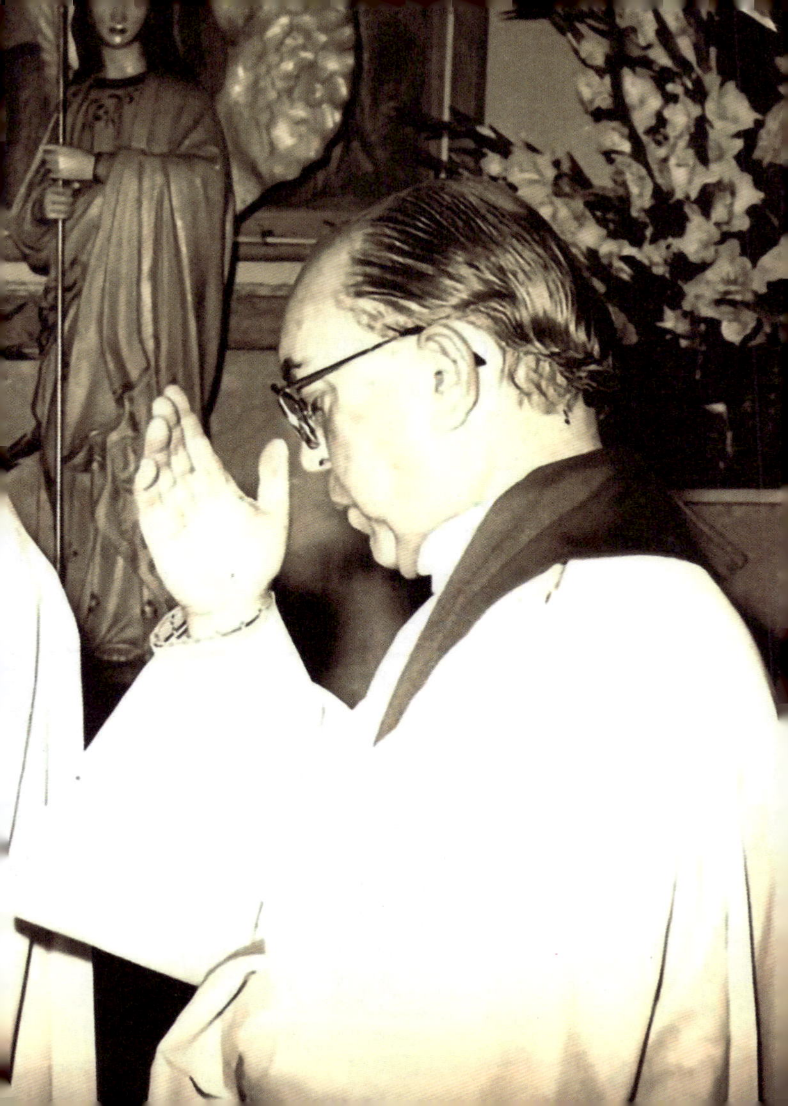

CEF, com o prêmio "Criança e Paz" em 1986, pela campanha "A criança não é um problema; o mais jovem é a solução".

Dois anos depois, D. Luciano deixaria uma grande contribuição para a região Belém: com sua habitual discrição, entraria em contato com o Servizio Missionario Giovani (SERMIG) e, com seu amigo Ernesto Olivero, ajuíza a criação do Arsenal da Esperança em São Paulo, uma grande obra junto às pessoas em situação de rua, um lugar no qual elas encontram abrigo e assistência, bem como recuperam sua dignidade, afeto e acolhida.

Os anos 80 foram intensos para o bispo jesuíta,

Imagem reprodução: Arsenal da Esperança, São Paulo.

então secretário geral da CNBB, e age com a costumeira gentileza cheia de coragem quando em 13 de junho de 1985, em audiência com o então presidente da república José Sarney, trata do assunto da terra e de outras problemáticas sociais, cobrando medidas concretas para a vida das pessoas[19]. Em 8 de outubro do mesmo ano, em entrevista com o Ministro da Guerra, Leônida Pires Gonçalves, cobra, entre outros assuntos, do problema da reforma agrária. No mesmo dia, em reunião com o Ministro de Minas e Energia, Aureliano Chaves, conversa sobre a necessidade de não abrir áreas indígenas para a mineração[20]. Poucos dias depois, na VII Conferência Nacional de Saúde, em Brasília, solicitou, quando discursava, a proteção da saúde dos índios e a promoção de atendimento sanitário às classes pobres da sociedade[21].

À medida em que vivia sua entrega total à missão, agindo em

---

19   CNBB. *Comunicado Mensal (abreviação CM)*. v. 34, n. 390, p. 687.
20   CM. v. 34, n. 390, p. 1368.
21   CM. v. 35, n. 398, p. 200.

nome de Jesus em todos os lugares que a providência o encaminhasse, as responsabilidades foram se aprofundando e, em 1 de maio de 1987, D. Luciano foi eleito presidente da CNBB, após um longo período como secretário-geral. Como presidente, passou a ser mais ainda ouvido por todos, tanto pelos membros da Igreja, como pela imprensa e pelos mais simples. D. Luciano possuía "o dom da palavra certa, palavra firme e, ao mesmo tempo, respeitosa"[22] e o hábito de deixar discretamente por onde passava o desenho de um bonequinho sorrindo e a frase "Deus é bom".

Uma surpresa de Deus acontece em 1988: aquele jesuíta, bispo auxiliar de São Paulo, foi destinado para a Arquidiocese de Mariana, a primaz de Minas Gerais. Num primeiro momento, essa nomeação dividiu opiniões, alguns pensavam ser um exílio do bispo que tinha grande prestígio junto aos outros bispos da América Latina, porém muitos outros acreditam que o próprio D. Luciano optou por essa missão, escolhendo ser pastor de uma porção do povo mineiro, aquele povo que tem em sua história lutas pela dignidade da pessoa humana, como a Re-

---

22 FUITEM, Diogo L. **Dom Luciano Mendes de Almeida:** *uma vida luminosa.* São Paulo. Edições Loyola. 2013.

volta de Filipe dos Santos e a Conjuração Mineira. Sabe-se que foi encontrada recentemente uma anotação de D. Luciano sobre esse período de sua vida que se resume em uma frase: "Deus, como te amo", que nos revela a dimensão da sua intimidade com o Senhor e corrobora como ele acolhe com coerência do seu ser a missão dada pelo Papa João Paulo II, de ser o 4º arcebispo de Mariana.

Na missa de posse em 29 de maio de 1988, diz com entusiasmo: "venho para servir *em nome de Jesus Cristo*". Como arcebispo, potencializou e organizou o trabalho pastoral de toda a diocese, organizando o território em 5 regiões pastorais, e traçou um novo modo de organizar as paróquias como rede de comunidades, valori-

Brasão da Arquidiocese de Mariana.

zando a Palavra e a inserção na vida dos pobres[23]. Sua rotina, como sempre, era de extrema doação, fazia-se presente na vida do povo e do clero, esforçava-se para atender os padres a qualquer hora, sem a necessidade de agendamentos. Isso incluía o Seminário São José, onde fazia gosto de celebrar a missa mensalmente e conversar com todos os seminaristas. D. Luciano chegava a viajar 300 Km por dia para visitar as paróquias, para os encontros e reuniões pastorais. Com isso, foram surgindo muitos movimentos sociais que respondiam com comprometimento às necessidades daquele povo, como o Movimento dos Atingidos por Barragens (MAB), Núcleo de Apoio aos Toxicômanos e Alcoólatras (Nata), Centro de Valorização da Vida (CVV), Comunidade Educativa Popular Agrícola (CEPA), entre outras. D. Luciano sempre acreditou que uma educação de qualidade e cultura de amplo alcance são uma transformação social e uma grande ferramenta para a construção do Reino. Nisso, ele funda a Faculdade Arquidiocesana de Mariana (FAM – hoje Faculdade Dom Luciano), inicialmente para a formação do clero, mas depois

---

23   GONZÁLES-QUEVEDO, Luís. *Dom Luciano Medes de Almeida: um "construtor de pontes"*. **Revista Itaici**. n. 98, dez. 2014.

aberta aos leigos, e revigora o zelo pelo patrimônio artístico e cultural da região. Um pastoreio fecundo, sólido e edificante.

Uma nova entrega ainda mais intensa à missão: o acidente e sua recuperação

Como de costume, a agenda de D. Luciano era tão ousada e desafiadora como sua entrega e dedicação à causa do Reino. O ano de 1990 começava intenso pelas agendas simultâneas: Arcebispo de Mariana, presidente da CNBB, Conferência Episcopal Latino-Americana e Comissão para o Sínodo em Roma. No dia 7 de fevereiro desse mesmo ano, o bispo peregrino foi para Bogotá, capital da Colômbia, para reuniões do CELAM. De lá seguiu para Roma, para as reuniões da Secretaria do Sínodo em Roma (possivelmente em preparação do sínodo sobre a formação dos presbíteros). Volta para Brasília para reuniões da Presidência da CNBB, que aconteceram dos dias 19 a 21 de fevereiro. Ao término das reuniões, segue para São Paulo e grava a abertura da Campanha da Fraternidade de 1990, com o tema Fraternidade e Mulher. Pouco depois de terminadas as gravações, vai de ônibus para Belo Horizonte, juntamente com o padre Ângelo Mosena, SJ. Lá é esperado pelo padre Jacobus Zwaanemburg, que o levaria de Chevette de volta a Mariana. Chovia e à altura da cidade de Itabirito (Km 43 da BR356) acontece uma forte colisão com um caminhão-tanque e com a proteção da pista. O Padre Ângelo Mosena morreu no local e o Padre Jacobus ficou ferido, porém Dom Luciano ficou em estado gravíssimo. Socorridos pelas pessoas que passavam, ambos foram levados na carroceria de uma caminhonete até o Hospital de Pronto-Socorro em Belo Horizonte. O quadro de Dom Luciano era grande risco de morte: 27 fraturas, perfuração do crânio, ruptura de aorta. Após o acidente e uma série de cirurgias e exames, seguiu-se um período de difícil recuperação. Dom Luciano ficou sem poder falar, imobilizado, solitário. Após uma melhora, passa a se comunicar por bilhete e tão logo demonstra que está vivendo esse período de convalescência assim como Santo Inácio viveu em Loyola, deixando-se interpelar por Deus. Entre seus primeiros bilhetes, ele escreve "ofereço com amor minha saúde por vocês", "Deus é bom". Aconteceu que, durante a recuperação, ele fez uma forte experiência de solidariedade, pois, além de imóvel, estava com "ferros na boca", para recupe-

ração do maxilar quebrado. Quanto a esse tempo, Dom Luciano disse "que sentido tem eu me queixar porque eu estou com um buraquinho [respirador] na garganta? Ou porque estou com o braço todo preso aqui? Aqui é gaze, no tempo da escravidão eram grilhões de ferro". O bispo dos pobres transformou sua experiência de dor em uma experiência de solidariedade aos irmãos escravos e sobretudo dizia que o fez compreender melhor o sofrimento do justo, o Cristo como Servo Sofredor (Is 53, 4). Tão logo foi se restabelecendo, foi retomando agora em dobro seu ritmo intenso de atividades. Uma vez perguntado sobre isso, disse que "Deus me devolveu a vida depois do acidente. Então, mais do que nunca, a vida não é mais minha. Eu quero doá-la totalmente aos outros". E foi nesse ritmo de doação que se manteve até praticamente um mês antes de sua páscoa, que aconteceu em 27 de agosto de 2006, em decorrência de câncer no fígado.

Protagonismo internacional e no episcopado da América Latina

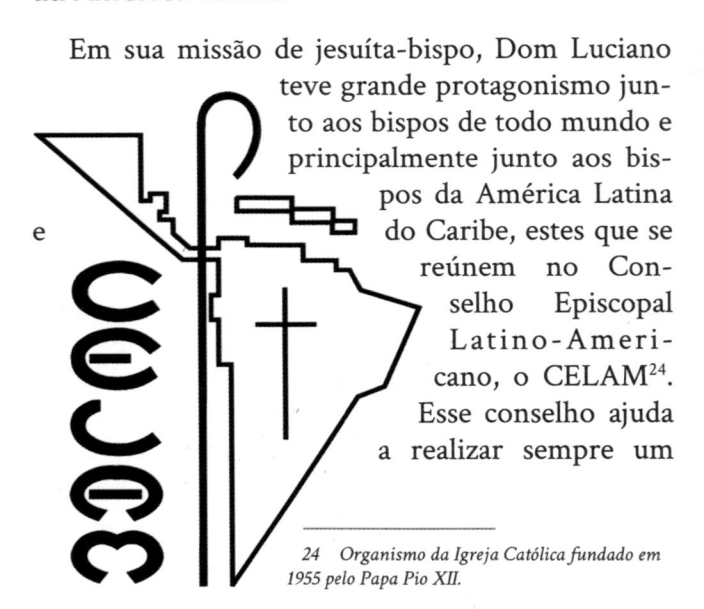

Em sua missão de jesuíta-bispo, Dom Luciano teve grande protagonismo junto aos bispos de todo mundo e principalmente junto aos bispos da América Latina e do Caribe, estes que se reúnem no Conselho Episcopal Latino-Americano, o CELAM[24]. Esse conselho ajuda a realizar sempre um

---

24 Organismo da Igreja Católica fundado em 1955 pelo Papa Pio XII.

discernimento, ante o sinal dos tempos, sobre os caminhos da evangelização nesses territórios latinos que possuem realidades tão próprias. No CELAM se reúnem as 22 Conferências Episcopais nacionais (dentre elas, a CNBB) que se situam desde o México até o Cabo de Hornos, incluindo o Caribe e as Antilhas. A relação de Luciano com o CELAM começa na Conferência de Medellín (1968), quando ele ainda não era bispo, mas já demonstrava o quanto amava aquele povo e como podia contribuir para a missão da Igreja na América Latina. Depois de eleito bispo, teve grandes atuações nas Conferências de Puebla (1979) e Santo Domingo (1992), na qual D. Luciano é lembrado pela sua capacidade de conciliar as divergências, após ser aclamado pela assembleia para integrar a equipe responsável por organizar e presidir a IV Conferência. Sua presença foi essencial para integrar a equipe que organizava os textos, sintetizar as ideias. Nesse momento, ele escreve a oração que vai para o texto final: "Senhor Jesus Cristo, Filho de Deus vivo, Bom Pastor e irmão nosso, nossa única opção é por Ti".

É enviado em 1984 como representante do episcopado brasileiro para visitar o Líbano, que estava em guerra, e em 1980 vai ao funeral de Dom Oscar Romero, assassinado pelo governo militar ditatorial em El Salvador, representando os católicos do Brasil. Agendas que cumpre com profetismo e coragem. Dom Luciano deu muitas contribuições para a Igreja universal, principalmente pelas reiteradas participações e organizações de 6 sínodos dos Bispos em Roma.

Dom Luciano foi escolhido para participar da V Conferência do CELAM em Aparecida – SP, que aconteceria em 2007, mas falece antes de participar. Os teólogos do Brasil foram unânimes em dizer que certamente ele faria muita falta nessa conferência, no entanto, substituiria a liderança de D. Luciano um outro bispo jesuíta, o arcebispo de Buenos Aires, Cardeal Jorge Mário Bergoglio, que acabou por coordenar a redação do documento final.

Sobre a sua vida de oração

Dom Luciano é considerado por todos uma pessoa de espiritualidade profunda. Quando perguntado sobre sua vida de oração, eis o que ele surpreendentemente respondeu: "minha vida de oração é simples e até pobre, mas indispensável. A presença de Jesus Cristo através do dia é marcante, e, sempre que possível, assume a forma de um pequeno diálogo, que muito me anima. A oração se traduz especialmente pela Eucaristia e a Liturgia das Horas. Nos momentos difíceis, nas conversas de orientação espiritual, várias vezes, o coração se volta explicitamente para Deus. Através da vida do terço muito me tem ajudado. É o momento de pensar nos outros e encomendá-los a Deus. Sinto falta de uma oração mais profunda, envolvida no silêncio. Deus sabe que gostaria de rezar melhor. Durante os meses de convalescença, após o acidente de 1990, o grande conforto era a oração. Sinto saudades destes

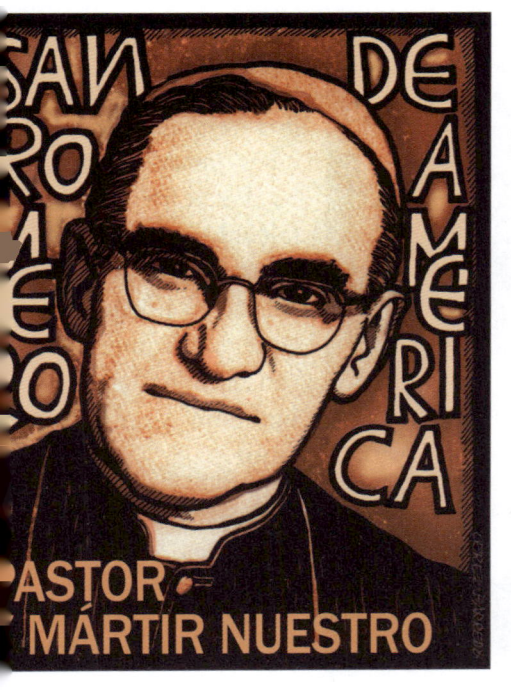

meses de insônia e interiorizações. Ajudou-me muito a vida de São João da Cruz e o diário de D. Oscar Romero"[25].

Outra forma de dom-oração de Dom Luciano era a *escuta amorosa*. Vários são os relatos de quem, por ser ouvido por ele, seja em momentos de crises, momentos de dor, momentos de necessidade, sentia-se acolhido pela escuta. Todos relatam que esses momentos os deixaram fortalecidos na fé e na vida simplesmente porque aquele homem cansado os ouvia com grande amor.

---
25 *Entrevista à revista Misión Abierta*, junho de 1995.

Momento de Oração

Uma das características marcantes de Dom Luciano era, como dito no trecho anterior, o dom de uma escuta amorosa, pela qual o outro se sente acolhido por Jesus Cristo quando sua vida é escutada sem julgamentos moralistas, sem intenção de convencimento, mas uma escuta que dá ao outro a sensação de ser amado.

Pedido de graça:

Senhor, dai-me a graça de não ser surdo à Tua voz, ao Teu chamado, que eu seja, pela escuta amorosa, um amplificador da Tua voz que gera ressurreição em mim, no outro e no mundo.

Palavra de Deus: Jo 5, 19-24

Pontos para oração:

- *Jesus aponta que a transparência é um caminho para confiança e para se viver com o amor. Ela está ligada ao sentido da visão,* mas à visão do coração. Jesus diz que "vê o Pai fazer", e, ao ver, consegue entender tudo claramente. Como o chamado que sinto no meu coração em ser transparente comigo, com Deus e com os outros me humaniza? Tenho esperança de que meu projeto de vida proporcione que todos compreendam claramente minhas motivações, intenções e objetivos?

- É próprio de quem ama ficar admirado e, pela admiração, sentir-se desejoso de compartilhar a vida, ou seja, ser enviado aos outros. O próprio Deus nos admira desde a criação (cf. Gn 1,31) e nos convida a ficarmos admirados por Ele e pela criação. O que Deus admira em mim? O que mais admiro em Jesus? Como busco realizar um sonho cristão que "reergue os mortos e faz viver" as pessoas?

- A ressurreição passa pela audição do coração, testemunhar e ouvir o testemunho do amor gera vida onde a maioria pode acreditar que não há. Aquela e aquele que "ouve a minha palavra" passa da morte para a vida. Todos são capacitados por Deus a ajudar alguém a sair de uma "situação de morte" e passar para uma vida plena. Onde não há vida em mim e fora de mim e a Palavra de Deus precisa ecoar? Para onde sinto que sou enviado quando ouço a voz de Deus?

Dom Luciano: uma pessoa feliz com sua vida e sua vocação

"Minha vida toda é muito feliz. Uma das coisas que Deus me faz compreender é o valor da história e da consciência. [...] Poderia sublinhar alguns momentos felizes.

O primeiro é o contato com o sofrimento humano, perceber que a história é muito marcada por aspectos positivos e negativos. Penetrar nesse sofrimento, comungar com esse sofrimento, partilhar esse sofrimento, creio que isso proporciona uma carga existencial muito grande. Trabalhei cinco anos na prisão, na Itália, depois com as populações mais pobres na periferia de São Paulo, hoje com os ambientes rurais pobres de Mariana. Eu creio que isso dinamiza muito a própria vida numa fase de experiência e comunhão existencial.

Uma alegria maior, quase pontualizada, é a alegria de ver a recuperação de certas pessoas, seja da dependência química, da dependência de drogas, seja de um processo de conversão pessoal. Isso dá muita alegria para quem tem a missão de querer ajudar os outros a reencontrar a paz interior.

Essas são alegrias pontuais e um pouco desconhecidas, a alegria de ser um pequeno instrumento da paz de Deus"[26].

Dom Luciano: um homem de coragem

O próprio Dom Luciano narrou os momentos que mais exigiram dele coragem e amor a Cristo nos irmãos:

"Em primeiro lugar, os funerais de Dom Oscar Romero, em El Salvador. Eu fui um dos três bispos presentes e vi a explosão da bomba, o tiroteio contra a população, as mortes na praça, vivendo um momento de grande dramaticidade, ajudando no enterro de Oscar Romero dentro da igreja, horas, e horas, e horas, junto com aquele povo que é tão sofrido.

Em segundo lugar, foi a guerrilha e a situação de conflito no Líbano, onde estive em contato com doze grupos religiosos diferentes em 1987. Era um momento de grande aflição para o Líbano, e ali, falando com os sunitas, com os xiitas, com os armênios, com os caldeus, fiquei muito impressionado com o sofrimento daquele povo, que buscava de novo a sua harmonia, o

---

26 ALMEIDA, Luciano Mendes de. **IHU On-Line**. *Reinventando o Bem Comum*. Ano 2, n. 24, 1 jul. 2002.

seu diálogo depois de tantos momentos de aflição.

Em terceiro lugar, me marcaram muito as injustiças com problemas de terra aqui no Brasil, especialmente o assassinato de padre Josimo, de padre João Bosco Burnier, de Ezequiel Ramin e a prisão dos padres Aristides e Francisco Goriou. Tudo isso eu acompanhei de perto e me marcaram muito a coragem desses irmãos na fé e a dureza das situações que tiveram de enfrentar e a consequência que esses fatos tiveram sobre a minha vida"[27].

---

27 *Ibid.*

Funeral de Dom Oscar Romero.

Inspirações para Dom Luciano

Além de ter a vida e o diário de Santo Oscar Romero como inspiradores, D. Luciano sempre dizia reiteradamente que pessoas simples o inspiravam, como o Padre Arrupe, SJ, porém tais admirações iam além, a ponto de um dia dizer num evento, quando notou que algumas pessoas falavam com vaidade dos livros que haviam lido, que "a vida das pessoas simples eram os melhores livros que pode ler e ter experiência".

Um outro grande inspirador e seu contemporâneo foi o cardeal, ex-bispo de Saigon, que ficou nove anos como preso-político incomunicável no Vietnã (conhecido pelo livro *Cinco Pães e Dois Peixes*), Francisco Xavier Van Thuan (atualmente o Servo de Deus). Nas numerosas idas a Roma, como membro da Pontifícia Comissão Justiça e Paz, fazia sempre questão de se reunir com ele. Dizia D. Luciano que Van Thuan era "pessoa sem ódio, um homem amor", "foi a pessoa que mais bem me fez na vida e considero uma grande graça tê-lo conhecido". Até o fim da sua vida, Dom Luciano conservava e usava em suas orações o rosário surrado que recebera de presente das mãos do próprio Van Thuan.

Profetismo e santidade

Profetismo. Dom Luciano, como um missionário do século XX, usou de todos os meios que dispunha para fazer leituras libertadoras da realidade e fazer denúncias próprias de um profeta.

O profetismo de Dom Luciano foi de grande sensibilidade, a ponto de ser uma denúncia que permanece atual em nosso tempo. Além das questões sociais, era um homem apaixonado pela Amazônia e praticamente faz o prenúncio da exortação Querida Amazônia, do Papa Francisco, quando numa conferência defende que "a Igreja tem a missão de preservar a natureza e de ir ao encontro quelas populações que precisam mais da sua presença, do seu auxílio". Com grande liberdade e intimidade que tinha com o Criador, afirmou também que "há uma integração entre natureza e vida", e destacou sempre a dimensão para a humanidade da missão de cuidar integralmente daquele lugar: "A Amazônia é Brasil, mas é um Brasil a serviço da humanidade".

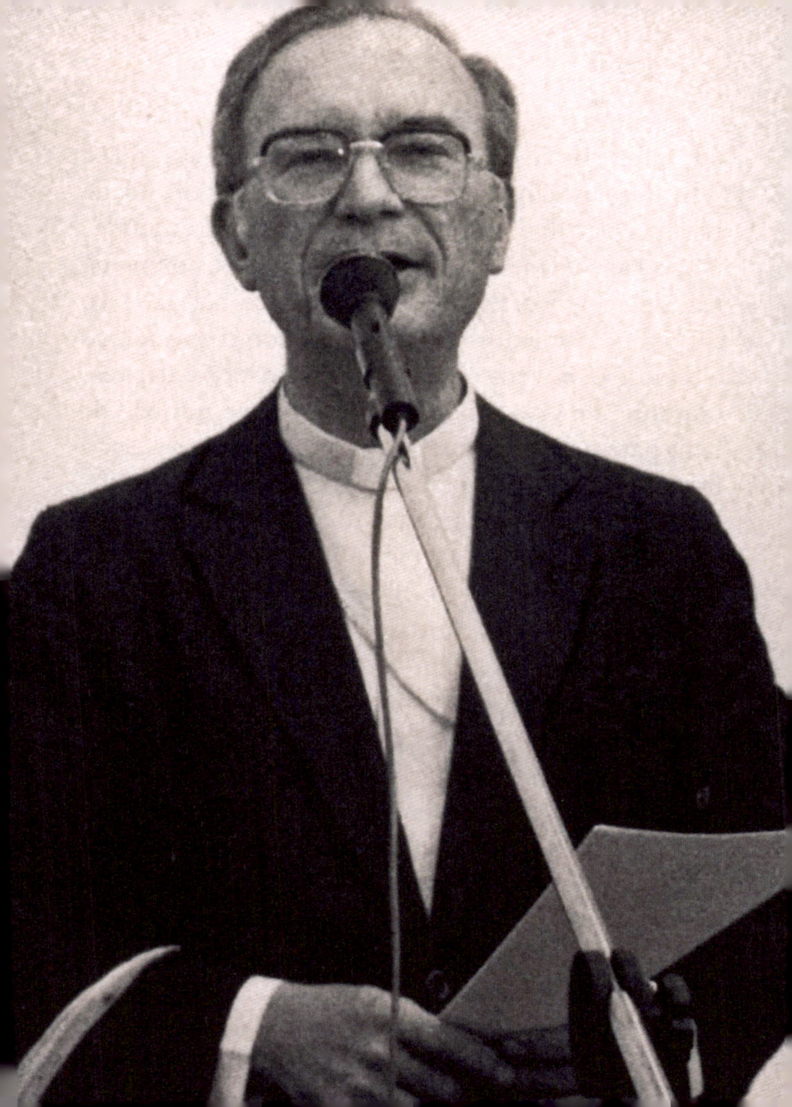

Eis um texto escrito para um jornal cujo conteúdo também se faz sempre atual em nossas vidas: "São duas as expressões mais fortes da fraternidade cristã: a partilha e o perdão. Por partilha entendemos a capacidade de dividir com os outros o que de Deus recebemos. É preciso, assim, partilhar não só o alimento cotidiano, mas também tudo o que somos e temos. Os jovens cristãos são chamados a dar testemunho de vida solidária e feliz pela comunhão de bens para marcar a superação do egoísmo e revelar a força de Cristo em nosso meio. À medida que partilhamos o pão, a humanidade torna-se mais fraterna, e obteremos como fruto a alegria própria do amor gratuito de quem vive o Evangelho da partilha e da comunhão. A outra atitude que expressa de modo claro e forte a nossa intenção de servir a Deus na vida de discípulos e discípulas de Jesus é o exercício do perdão evangélico. É o que mais falta na sociedade. Quem crê, recebe uma força especial para amar e perdoar. Eis aí o testemunho de amor mais forte que os jovens podem dar ao mundo de hoje: pagar o mal com o bem. É essa atitude de amor maior, capaz de vencer o ódio e a vingança e de promover a reconciliação e a concórdia, que há de caracterizar a vida dos jovens cristãos, chamados a alegrar cada dia o mundo com a beleza da confiança, da partilha e do perdão de Cristo."[28]

A escolha dos mais necessitados. São muitos os relatos de atitudes de Dom Luciano que apenas a santidade pode explicar o fato de serem tão reveladoras de Deus, não serem constrangedoras, pelo contrário, fazem um carinho na alma e nos inspiram a buscar o Cristo. Após sua morte, muitos relatos foram colhidos de pessoas que conviveram com ele para produção de livros e textos[29] para compor a memória em texto da vida de D. Luciano, e todos invariavelmente concordam nisso.

---

28 ALMEIDA, Luciano Mendes. Partilha e perdão. **Folha de São Paulo**, São Paulo, 26 ago. 2006.
29 Cf. DRUMOND, Margarida. **Dom Luciano, Especial Dom de Deus**. 2010.

SORRENTINO, Francesco. **Em que posso servir:** o serviço no testemunho de Dom Luciano. 2015.

BUARQUE, Virgínia. **Dom Luciano Mendes de Almeida:** humanismo em trans(des)cendência. 2016.

Momento de Oração

A escuta atenta da vontade de Deus para o presente se faz pelo discernimento dos sentimentos e pensamentos diante da Palavra de Deus. Dom Luciano atendeu com toda sua vida o chamado de Jesus para escolher os mais necessitados como destinatários primeiros da sua ação como religioso consagrado e, posteriormente, como bispo.

Pedido de Graça:

Senhor, concedei-me a graça de nascer de novo, abandonando tudo que adoece o meu coração, fazendo-me mais misericordioso e compassivo, amando-te e servindo-te em tantos irmãos e irmãs, ajudando a implantar o teu Reino hoje.

Palavra de Deus: *Lucas 10, 25-37*

Pontos para oração:

- Quem é o teu próximo? Quais os ros-

tos das tuas experiências de misericórdia e compaixão?

- Onde fazes a experiência da misericórdia e compaixão no teu cotidiano? Onde te sentes chamado a ter mais coragem de promover a compaixão ao teu redor?

- Quem são os teus próximos? No mundo hoje, quem são aqueles que a maioria nega amor e por isso mais precisam de compaixão?

A santidade na estrada. Dom Luciano indo de ônibus de Mariana para Belo Horizonte notou que o motorista ignorou quando uma pessoa fez sinal na estrada e o ônibus não parou. Nisso, ele perguntou ao motorista por que não parara e ouviu a resposta: "porque o ônibus está cheio; é proibido viajar em pé". Pouco depois, D. Luciano viu uma mulher grávida fazendo sinal na pista para o ônibus parar, nisso não pensou duas vezes e disse: "Pode parar, porque vou descer aqui". Embarcada a mulher, ele terminou a viagem de carona num caminhão.

Atenção a todos em todos os lugares. Marcos Terena, da nação Xané, relata que pelos idos de 1980, "em uma viagem de avião, sentei-me ao lado de um padre. Conversamos um pouco sobre a vida e a vida indígena, na qual os valores espirituais são sagrados e permanentes no relacionamento com o Grande Criador. Ele falou sobre os possíveis erros do passado. Para mim, ali estava um padre diferente, que sabia falar das coisas sem dar sermão ou puxão de orelha. Ao desembarcarmos, ele me disse: Meu nome é Dom Luciano, apareça na CNBB!"

Momento de Oração

Dom Luciano sempre buscou imitar a Jesus como aquele que passa a vida curando as feridas das pessoas e isso as atraía a viver como sinais do Reino. Fitando Jesus, Luciano não olhava para o conjunto, como nós, mas olhava sempre para a pessoa. Não se detém diante das feridas e dos erros do passado, mas vai além dos pecados e dos preconceitos.

Pedido de Graça:

Senhor, concedei-me um olhar corajoso e aberto para descobrir que nossas feridas não são um fracasso, mas um início de mudança de vida.

Palavra de Deus: Marcos 5, 25-34

Pontos para oração:

- Como vives os momentos de fragilidade? Transformam-se em momentos de

fechamento ou a partir deles surge uma aspiração de confiança?

- Quais experiências com o Senhor te ajudaram a crescer em confiança n'Ele e o levaram para um ato de conversão?

- Quais frutos você obteve quando se deixou conduzir por Deus nos momentos difíceis?

Grande capacidade de ouvir e perceber, além de místico orientador de retiros. Após ser convidado para ir a Portugal para pregar numa Semana Eucarística, foi recebido pelo pároco em Pinche, esse se admirou pelo fato de o Bispo ter chegado de uma série de outras viagens e não carregar nenhuma mala, apenas um embrulho que continha sua roupa. Nisso, Dom Luciano pediu que aquelas parcas peças de roupas fossem lavadas e então o pároco passou o embrulho para a empregada, que também se admirou. Ao fim da semana de homilias, palestras, o pároco deu em público uma valise de couro de presente, como agradecimento pela condução daqueles dias. Dom Luciano agradeceu comovido. Passado esse momento, quando o bispo já se despedia para ir ao aeroporto, o pároco percebeu que as roupas estavam outra vez embrulhadas no mesmo pacote de papel pardo. Percebendo os olhares, Dom Luciano respondeu sorrindo: "Não me leve a mal, meu irmão; dei a mala para sua cozinheira. Ela precisará muito mais do que eu".

Dons espirituais. Incansável apesar da sobrecarga, capaz de esperar horas numa rodoviária sem dar mostras de impaciência, capacidade de gravar o que se falava diante dele enquanto cochilava. Numa conversa com um padre sobre onde fundar uma casa em Minas Gerais, aconteceu que "a conversa parecia não ir muito longe, porque ele parecia estar dormindo enquanto conversávamos, a tal ponto que dissemos: 'Dom Luciano, melhor voltarmos amanhã, o senhor está cansado...'; ele, fazendo um gesto com a mão, foi resumindo tudo o que tínhamos falado e já ia dando sua opinião com uma atenção e carinho profundos".

A espiritualidade Cristocêntrica, gentilmente mariana, humilde e corajosa. Uma das poucas formas de tocar a intimidade de D. Luciano com Deus nos foi deixada na oração que ele compôs:

> "Senhor Jesus, não vos pedimos que nos livreis das provações, mas que nos concedais a força do vosso Espírito para superá-las em bem da Igreja. A certeza do vosso amor nos renova a cada dia. A alegria de servir aos irmãos é a nossa melhor recompensa. Ensinai-nos, a

exemplo de nossa Mãe, a repetir sempre SIM no cumprimento da vontade do Pai. Amém!"

Temos razões para acreditar que o arcebispo Mendes de Almeida continuará a interceder junto de Deus pelo Brasil, pela Igreja, pelo mundo. Sua história sempre seguirá nos inquietando, nos convidando para ir além do nosso egoísmo e amar o outro. Que seu exemplo e intercessão apressem a construção de um mundo mais cristão e mais humano, pelo qual Dom Luciano trabalhou apaixonadamente. Sigamos sempre repetindo a mesma pergunta que ele fazia em todos ambientes onde chegava, para todas as pessoas com as quais se deparou:

"em que posso ajudar?"

Notas

Dom Luciano Mendes partilhou sobre a sua experiência de iluminação, semelhante à de Santo Inácio de Loyola à beira do Rio Cardoner. Esse momento aconteceu 3 meses antes da sua páscoa definitiva, para uma plateia de mais de 3.000 delegados de dioceses brasileiras, presentes no Simpósio Teológico do 15º CEN (Congresso Eucarístico Nacional), em Florianópolis.

"Há um tempo queria muito ver o céu, saber como é lá. Um dia subi no céu. Não pensei que era tão bonito, fiquei contente com tanta música, pessoas dançando na presença de Deus. Mas, de repente, percebi que eu estava escondido atrás de uma árvore. Descobri que o céu é ver os outros felizes.

Nossa vida nesse mundo é fazer o bem. Nossa alegria e paz são diferentes. Reconciliemo-nos com o projeto divino de salvação. A vontade de Deus é o nosso paraíso.

Como esquecemos a expressão do Pai Nosso `seja feita a vossa vontade´... Não existem exceções para este pedido. Deus nos dá força para enfrentarmos as dificuldades, inseridos no cotidiano da vida humana."

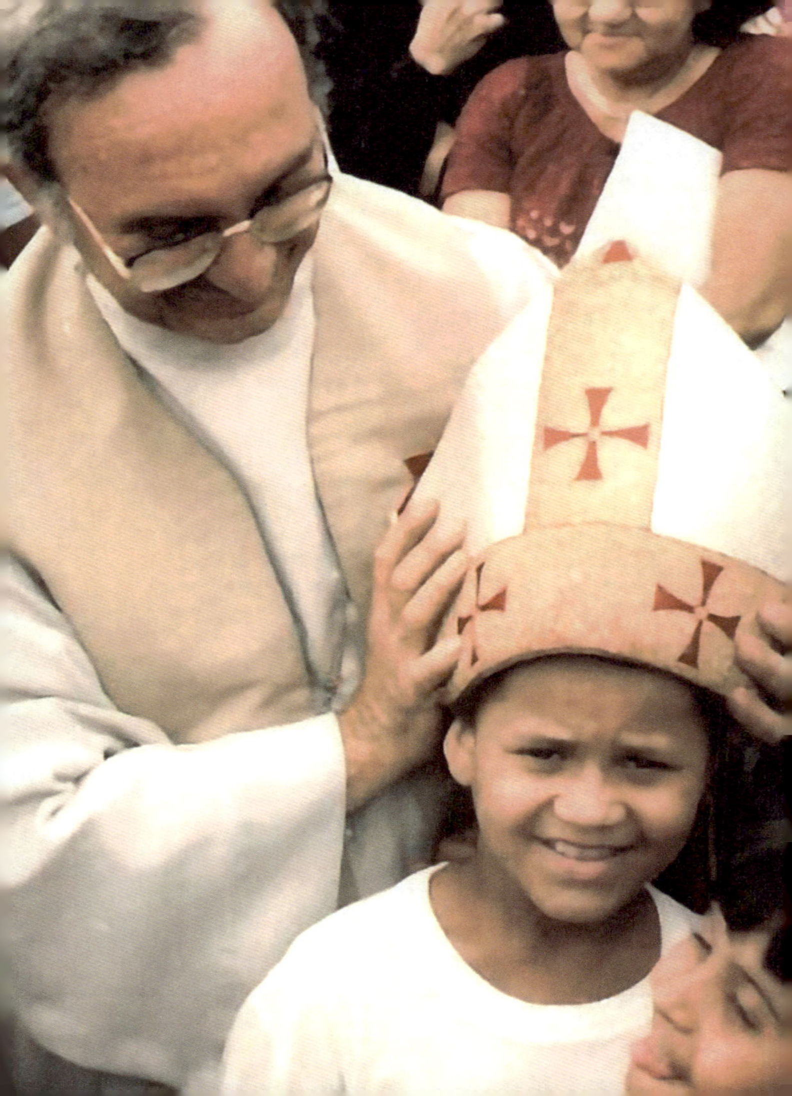

Cronologia de Luciano Mendes de Almeida

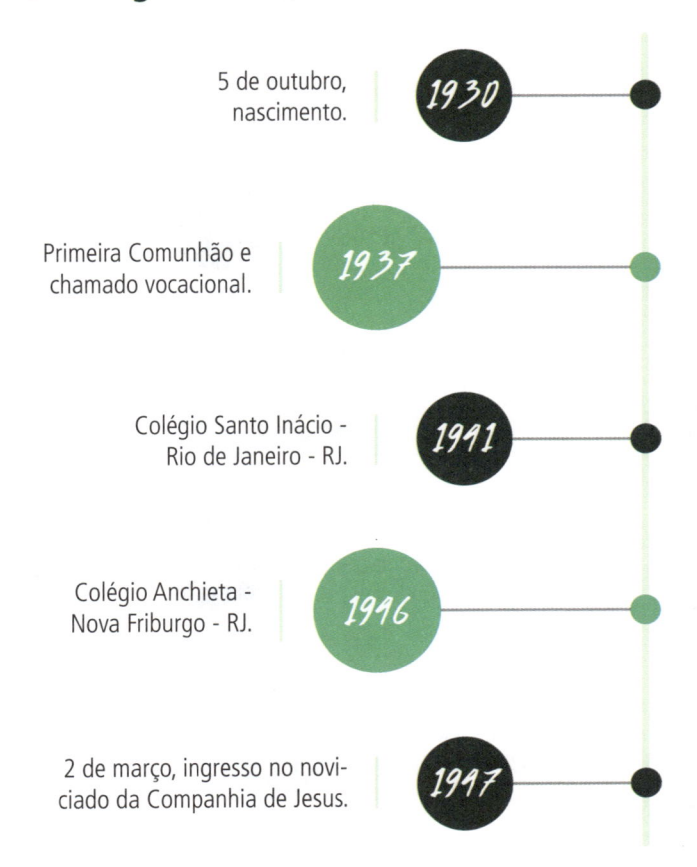

- **1930** — 5 de outubro, nascimento.
- **1937** — Primeira Comunhão e chamado vocacional.
- **1991** — Colégio Santo Inácio - Rio de Janeiro - RJ.
- **1996** — Colégio Anchieta - Nova Friburgo - RJ.
- **1997** — 2 de março, ingresso no noviciado da Companhia de Jesus.

- **1951** — Ingressa na Casa de Formação da Companhia.
- **1955** — Ingressa na Pontifícia Universidade Gregoriana - Roma.
- **1958** — 5 de julho - Ordenado padre na Igreja de Santo Inácio em Roma.
- **1959** — Terceira Provação em Florença. Etapa final da formação espiritual do jesuíta.
- **1960** — Início do doutorado em Filosofia pela Gregoriana de Roma.

1964 — 15 de agosto - Profissão solene, recebe o 4º voto dos jesuítas professores, em Roma.

1965 — O *grande discernimento*. Cogitou viver a missão em Madagascar, África, ou a ida para o Japão, inclusive iniciando estudos de japonês. Entretanto, vem para o Brasil, se prontificando em colaborar nas missões em Mato Grosso.

1965 — (até 1976) Atuação na Arquidiocese de São Paulo e outras, como padre jesuíta.

1970 — Nomeado instrutor da Terceira Provação da Companhia de Jesus.

- **1973** — (até 1975) Tornou-se vice-presidente da CRB de São Paulo.

- **1976** — 25 de fevereiro - Nomeado bispo auxiliar de São Paulo por Paulo VI.

- **1976** — 2 de maio - ordenação episcopal e missão de bispo-auxiliar na Arquidiocese de São Paulo e titular de *Turris in Proconsulari*.

- **1979** — Eleito secretário-geral da CNBB.

- **1987** — Eleito Presidente da CNBB.

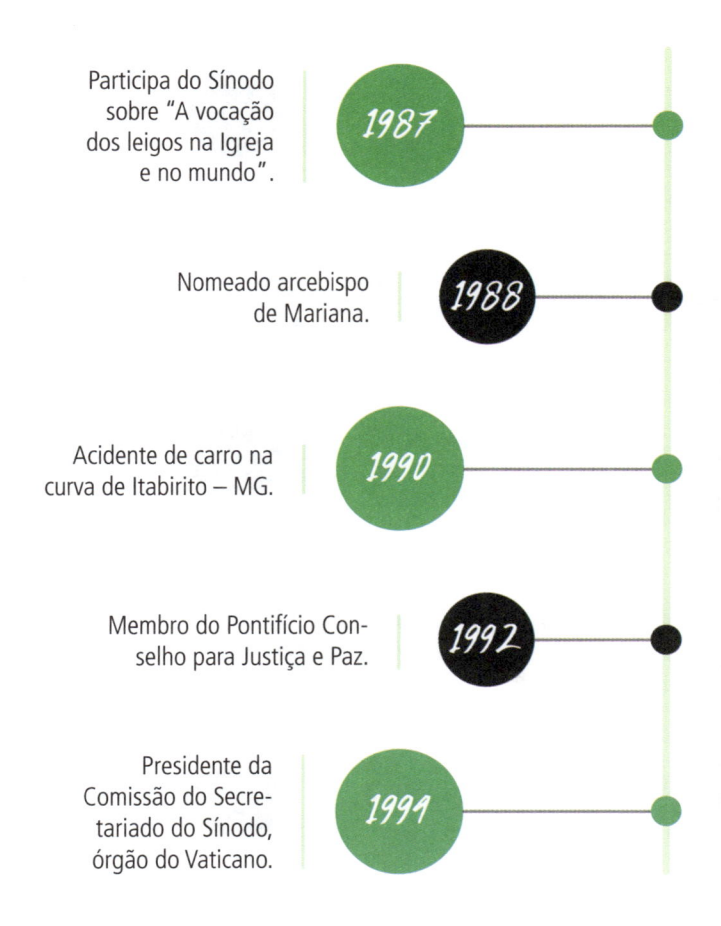

Participa do Sínodo sobre "A vocação dos leigos na Igreja e no mundo".	**1987**
Nomeado arcebispo de Mariana.	**1988**
Acidente de carro na curva de Itabirito – MG.	**1990**
Membro do Pontifício Conselho para Justiça e Paz.	**1992**
Presidente da Comissão do Secretariado do Sínodo, órgão do Vaticano.	**1994**

- **1994** — Participa do Sínodo sobre "A vida consagrada e a sua missão na Igreja e no mundo".
- **1995** — Delegado e vice-presidente do CELAM.
- **1997** — Participa do Sínodo especial sobre as Américas.
- **2001** — Participa do Sínodo sobre "O bispo, servidor do Evangelho de Jesus Cristo para esperança do mundo".
- **2005** — Participa do Sínodo sobre "Eucaristia: fonte e cerne da vida e missão da Igreja".

- **2006** — Doutor *honoris causa* pela FAJE - *Magister honoris causa* segundo J. B. Libânio, SJ.

- **2006** — Morre no dia 27 de agosto, em decorrência de câncer no fígado.

Post mortem

- **2011** — Declarado Servo de Deus.

- **2018** — Término da fase diocesana do processo de beatificação.

Momento de Oração

Chegando ao fim da leitura da vida de Dom Luciano, faça um pequeno exercício de recolhimento dos frutos, atendo-se aos movimentos interiores que você sentiu mais forte enquanto lia essa biografia. Não se esqueça de anotar tudo em seu diário espiritual e procurar o seu acompanhante vocacional para partilhar o que experimentou.

- Quais os sentimentos e atitudes de Luciano Mendes de Almeida mais me impressionam? Sinto-me identificado com eles? Quais eu desejaria ter?

- No que a minha vida e vocação se parecem com a de Dom Luciano?

- No que a vida de Dom Luciano me inspira, em minha caminhada vocacional?

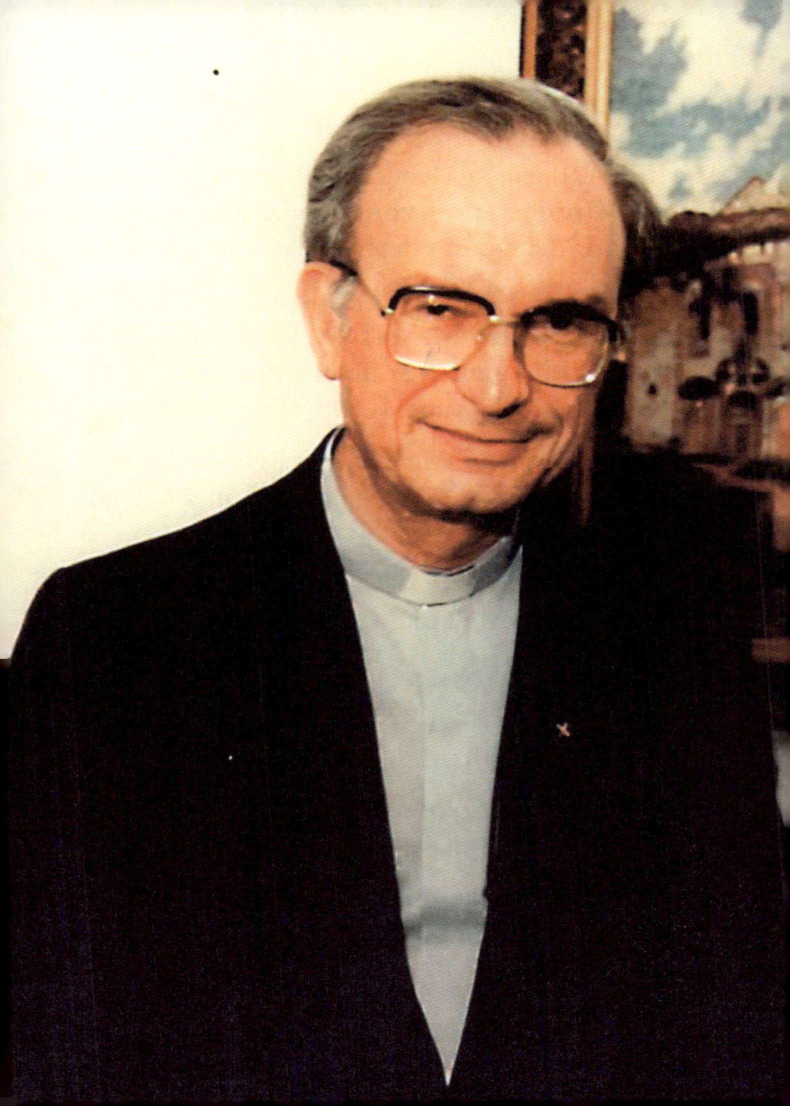

Referências

ALMEIDA, Luciano Mendes de. Apud: OLIVERO, Ernesto. **Unidos em favor da paz:** diálogos com D. Luciano Mendes de Almeida. São Paulo: Loyola, 1991. p. 32.

ALMEIDA, Luciano Mendes de. Apud: OLIVERO, Ernesto. **Unidos em favor da paz:** diálogos com D. Luciano Mendes de Almeida. Op. Cit. p. 33; 35.

ALMEIDA, Luciano Mendes de. Reinventando o Bem Comum. **IHU On-Line**. Ano 2, n. 24, 1 jul. 2002.

ARROCHELAS, Maria Helena. **Deus é Bom**: Homenagem a Dom Luciano. São Paulo, Paulinas, 2008, p. 99.

CNBB. **Comunicado Mensal**. v. 34, n. 390, p. 687.

CNBB. **Comunicado Mensal**. v. 34, n. 390, p. 1368.

CNBB. **Comunicado Mensal**. v. 35, n. 398, p. 200.

LANCELLOTI, Julio. **Estado de Minas**, Belo Horizonte. 6 maio 2001. p. 21.

OLIVERO, Ernesto. **Unidos em favor da paz**: diálogos com D. Luciano Mendes de Almeida. São

Paulo: Loyola, 1991. p. 31-32.

OLIVERO, Ernesto. **Uniti per la pace**: dialoghi con Dom Luciano. 2.ed. São Paulo: Paulinas, 2008. p. 76-79.

ONEGANA, Costanzo; DIAS, Paulo da Rocha. Apaixonado por Cristo e pelos pobres [Entrevista com D. Luciano Mendes de Almeida]. **Mundo e Missão**, set. 2001. p. 20.

JESUÍTAS BRASIL

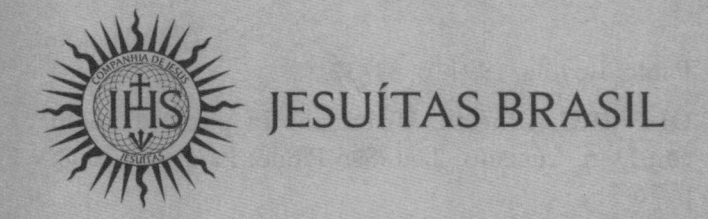

SENHOR JESUS,

NÓS TE PEDIMOS
QUE A MUITOS ESCOLHAS E CHAMES,
QUE A MUITOS CHAMES E ENVIES,
CONFORME TUA VONTADE,
PARA TRABALHAR PELA IGREJA
EM TUA COMPANHIA.

ORAÇÃO PELAS VOCAÇÕES
PE. NADAL, SJ (1556)

Uma das missões dos jesuítas
é ajudar os jovens na construção
de seus projetos de vida e no
discernimento vocacional.

Se você deseja conhecer mais
sobre a Companhia de Jesus,
entre em contato pelo e-mail
vocacao@jesuitasbrasil.org.br
ou pela página no Facebook
facebook.com/vocacoesjesuitas

*Escaneie este QR Code para acessar
informações sobre as Vocações Jesuítas*

SEP+
PARA OS DEMAIS

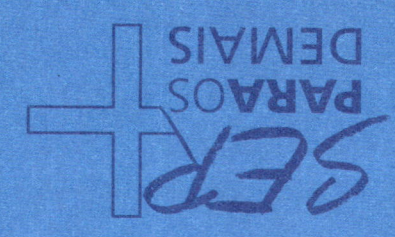

WWW.JESUITASBRASIL.COM

VOCAÇÕES JESUÍTAS